-Acedia-

Per-Johan Wilhelmsson

© Per-Johan Wilhelmsson
Förlag: BoD - Books on Demand, Stockholm, Sverige
Tryck: BoD - Books on Demand, Norderstedt, Tyskland
ISBN: 978-91-7785-419-7

1. En kärleksförklaring

jag låter mig drabbas av en bild   vilken
som helst
likt stjärnor tagna från sensommaren
instoppade i vinternatten och
likt ögon som greppar   liksvepningar
tuberkoloser drar i vinden

din rörelse är uråldrig och tagen
ur vattnen   ur haven   jag går
för att finna
en gräns som ska tala om det absoluta   det
beständiga ska tala   din
rörelse återfinnas löftesrik   svepa
över sand och is

vad är ett par ögon?

tomma hålor mot
vita och röda strimmor   flygplansstreck
på himlen

vad är ett par ögon?
vad är ett par gropar mot en insida
som pulserar av barndom och iver

granträden stod tätt och bar snökroppar
tunga fallande   högt
mot kisande   hästar
stod där och lerfruset kviste
rasade under fötterna   det var
mörkt i rummet då jag vaknade
jag blev rädd   jag
blev mörk som natten
därinne

tomma vattenpussar
regnfyllda hålor   stenbitar   vi
trodde det var bombhål   freden
nedkämpad i marken   våra ögon
nedkämpade i marken

jag går mot havet för att finna en gräns
som inte är en upprepning av
fortsättningen   en gräns
utan upprättelse   att forcera
stranden   blåsten

en lampa lyser i mörkret
och kastar en ensamstråle i rundning
mot asfalten   asfalten låter sig blänkas
de nakna trädgrenarna   jag minns
så mycket där det verkligen
slutar

gränsen
som är havet   som är
ett ur   en bilists tankar
i sommaren   skogen
som är uppvaknandet   som är
heligheten
ordet utan gräns

jag går mot havet   gropen
avskild från land   sedd från
många sidor   från samma sida
jätten kastar sig över land   saltet
rämnar land   vad är
ett par ögon?   Avskilda från land
där det är hungrande   svällande i
mitt sönderstänkta huvud

den vrålande otacksamheten över att leva
galenskapen   det ensammaste
bland liven   buskaget i
villakvarteret   buskaget på ängen
som läggs i mörker och drabbas av frost
på hösten

jag låter mig drabbas av en bild
de blöta stenarna
i biltrafikens städer och
sovande godsvagnar i sin huttrande färd
norrut

jag går mot havet
som är en skyddande ikon   den
blodiga marken   blicken
gråter och söker sin like   ishavets
ödsliga mörker   ljuspilar
grantäta knutar   vad är
ett par ögon?

din tryckta gestalt i mörkret
som i ishavet   väggarna
somnar intill dig och
blåser tankar i glasrutan   jag ser
det mest banala   en svag stjärna förefaller
stark och bländande invid karmarna
ensam bland grenarna

jag ser det mest banala
det var två änder som flög över gatan
och följde husen mot solen
jag tänker på dagen där i natten
än en gång:
ishavets blödande djup

det regnar inte   det är för kallt
vem tvivlar på sina egna andetag?
vem tvivlar på sin blinda lungväv?

mittskeppet mot månskäran
luften reser sig
spjutfast i mörkret
det bildas kyrkor varje gång ögonpar
fixerar himlen hos sin älskade

den söker sig inte från händer
den höjer sig inte från marken
ur varje ting   denna uråldriga rörelse
jag söker mig mot havet
ur varje ting   som en
belevad man skriker sig in i rummen

mörkret som kastar sig som
en tigers skugga
över ödsligheten

tomma hålor
vad är det som brister därinne?

omvägar   korsfästa
mellan nattliga kartor
svalget är ett rör mot rymden
varje åldrig rörelse   en kikare
mot myllan

jag går mot havet   det är
all tid som brister därinne

2. (Nemo me impune amat)

Tre duvor sitter på en gren
och sover under snöfallet.

Om du känner kylan i trädbarken
har du funnit metoden för att
se att världen är vakande.

Låt säga förryckt,
låt säga klagande av stillhet.

Om du lutar ditt öra mot landsvägen
hör du pulsen från de sovande
och du hör hur historien knakar av växt.

Du hör tundran,
du hör månen som delas
och du hör något djupt
likt rädda djurs ögon.

Om du lutar ditt öra mot himlen –

Du hör den kuvade slätten som aldrig kuvats,
kupan över det som spricker i diket och
kupan över det innan, det någon gång före,
kupan som inte heter händer över slätten.

Det är lätt för den smorde
att tala om lycka

Om tröttheten är tät som en dimma
är tröttheten tät som en dimma
och då tröttheten är tät
som en dimma
talar den tyst som ett pilträd.

Åkern svänger oändligt, likt ett hav,
och din plundrade tröst ser
att jorden är än en gång alldeles frusen,
att jorden är än en gång alldeles rund
och jorden är över dig och
jorden är
en smärtsamt frågande röst.

Och den frågar:
ingenting.

Och jag vet precis hur du har det därute
och jag vet precis hur du ser det därute
och hur luften tycks anfalla ansikten
som den ristar in hårt i skallen.

Jag vet precis hur du känner det.
Även jag minns gårdagar.

Jag vet hur kyrktuppen vakar över
den rivna vintern,
hur den rivna vintern vakar över
koppartaken och sprider värme
i stenvalven.

Hur du kan luta dig över bänkrader
och hur du kan luta dig över landskap,
hur du kan böja dig som en ensam kvist
spetsad i frågor och flyttfågelstreck.

Hur du kan böja dig som en ensam kvist
bruten av tänder i gryningen och hur du
kan ruva på din skönhet under en maskerad
av täckjackor och vilda böner.

Ser du natten samlas i alléerna?
Hör du natten trampa under dina fötter?

Du måste slå vinden som man slår flugor,
slå takten med takten
av minuter
och slå tillbaka det du tyckte i en gårdag
för att stadfästa det
du ska tycka i en framtid.

Då natten kommer,
då natten verkligen kommer
och sätter djupa spår i ditt ansikte
och gör rösten tunn som
en linjal över jordsamlingar
kommer inget att förändras
och det kommer att vara fullständigt
annorlunda.

Tre duvor sitter på en gren
och sover under snöfallet.

Hjärtat naglar kroppen vid marken
och spikar fast händerna
i plogfårorna.

3. (…) Hans blickar prövar människan

Det mörka i dagen
så under mörka dagar
som gångar genom örat in
i en värld befolkad
av kantrade skepp
och brutna grenar

jag var på väg och stack
händerna djupt
mot marken

Is i natten
över den stubbade åkern
det var som ett horn
skulle ljuda

att behålla varje ben i handen
att smyga och viska

döden bär sig själv

det är jag som kommit hit
jag har svurit vid ett namn

en flicka badade   det var morgon   kallt
jag förstod inte hur man stod ut i kylan
hon var vit   och det var en sjö där   det var
stilla   ett hus låg en bit upp

jag har sett ljus falla

Det ligger snöfält i norr   de är
markbundna och blåstrålande   en kväll
går man utanför sig själv   det finns
något att förgås av   utanför sig själv
varje upprepning är unik   alldeles
ensam är den

Strövsam måste innebära något som
bär stegen med glädje
instucken mellan fickorna
klippblocken sjönk på stigen
fram växte detta aptitretande

denna tillbedjan av färden

denna flykt från grunden
sucken i lilltån och den skavande skon
är bara ett järtecken likt
ansikten jag ser hos mig

Jag önskade springa vitmålad
mot kärret i skogen.

Där skulle den perfekta människan
beskrivas
och det skulle inte vara jag.

—

Det finns ingenting
och hälften av detta
bidrar inte till beskrivningen
av skånehösten, av kriget
och allt det andra vi andas.

det var jag som föddes

det var jag som stod

högt

slagen över himlen

tillräckligt född

ställ av värme i den klarhet som barndomen
såg vinter såg sanning och miljoner bilder
på nattkupan   insidan var en dröm och det
bildades skuggor hos mig   lurade tapeten
isbanan som skär sig genom snöyra   all den
guppande chokladen liggande i kroppen   ser
någon åka genom tid   en bil sladdar   raggare
hur även en oskyldig åldras   barnet som aldrig
återkommer   platsen   tretusen liv gammal

plötsligt stod den där väggen i mörkret
väggen lutad mot väggen med tegel och tid
små kryp av naglars storlek svartnade i
murbrukens hålor steg in gjorde vi aldrig
ögonen blev för små för att fånga denna syn
heligt och stråla syn över väggen som stod
där den stod det var ju tyst och mörkt
och häpnade gjorde vi men inte tog vi på
den och inte log vi om något blott fann
oss där långt upp på den smala vägen och
såg på husets vägg säkert glittrande av
sig i solen som nu var släckt och två
masker stirrade inte för de hade inga ögon
med de stod ut på knutarna och lät varje
bär varje svullen buske och lät även oss
vila i hålrummen lätt fångade stumma tysta

Du sa så och återvände till något
som påminde om djupa källor för-
borgade och förbrukade i samma ande-
tag de viskades och smektes du gjorde
det ingen gjort och förvandlade lust-
spel till längder av stråk med längder
av stråk med sådana träd som bara åter-
finns i mörka gränder där det inte finns
några träd att förgöra att drabba och att
drabbas av du gjorde det ingen gjort flugor
satte sig på historiekartan och spände svarta
svårfångade vingar mot huden och huden svarade
på sitt språk darrande och rysande inför tomheten

Han låtsas bara bedja
gömmande solen mellan tummen
som är ett svar där bortifrån
längden som är
lögnen   denna dunge
bilens tutande är fortfarande verkligt
och söndersliter inre röster

HUR GEORGES TROR PÅ SIG SJÄLV

Himlen är blank
en matta ligger vid mina fötter
mina tår är fast vid fötternas ände
där ligger mitt liv runt
min midja simmar havet

Jag har en hund som slickar min hand
den blir blöt och glänser av saliv
som ett lerhål vid fullmåne
rummet är ett hjärta i huset så

denna skottlossning från mina ögon
mot något enkelt som ett mossbevuxet
staket

druidisk dröm om dagars slut
slut citat
slut ögonlock   du ligger sluten
för alltid

Omvänt "Och hon sade:"

Gräset får en mörkare nyans
då molnen går under solen
drakar skuggas
och hus skuggas

öronen blir lystna berg
ett ursprung
som en nyvaken fontän

småstaden klämd mellan våra fingrar

Täta spår

att fara med allt
längre bort

en knivrispa av slavmörker
stänker kväll
lever i mig

Den blanktrista svarta flagan
genomskinlig värld spegelbild
glasruta mellan vädret och ansiktet
radion papper några stenar
vi upprepar oss och sakerna
därute

Det man märker i det ingenting som
bäst kan kallas natt är

den siktande renheten
som rakt upp far

och att siktande renheten
står jorden kvar.

Insikter betvingar
och inget krälande i mullen
är segerrikt.

Min Gud bakom vallar av mörker,
är vattenytan hård som sten
även underifrån?

Vingklipparen ondskan
är ett sotstreck på sensommarhimlen.

Likt sänkta, skockande moln
då du bara vill förtvivla,
likt en unken andedräkt hos
den du mest älskar,

likt en mörk hög
på det gröna vindfältet,
likt surrande pansar och hornprydnad,
är ondskan.

I askan finns beröringen
liksom din skugga sitter kvar
i dörren till mitt liv.

Du är så fri i begränsningen
och mullen pekar ända till Kina
och ligger löst under havet.

bortom parkträdens höstkale är tron
en svepning

jag tror ingenting   inte en spänning
reser så långt bort

en sakta parisisk stillnad med sina sjudande
massor slokar livet   så tar kontinenter nya tag
lastar sina skepp   sin historia   sina bekymmer
med i en trängsel   tar en längtan   tar en kant
med sig till en grav   vi dör alltid långt bort

4.

Platsen

det vidsträckta landet
människan en pelare

vad mer än en vinter

därute

    bland oss

        de bitar som bildar oss

Bakom en bilruta
pojkens ansikte tätt skinn
ut mot den regniga staden

vindrutetorkaren slår undan
den sanning som bildas
i mönster och vrider sig

bilkön är likt en orm
ett dragspel så varmt ljus
leende munnar i tomhet

Bilens rostiga luckor är alla
fällda och formade i färden
det är stängt
och intrycket är en spikrak
linje
samfällda ljudlösheter

en dyster jagare på jorden
en giftorm
snabb och svängande
ensam i sitt vatten
sådan är bilfärdens stillhet

När det var åskväder
brukade vi stanna
och titta på himlen

viska till den
kasta innandömen
som badbollar
mot den

5. Turism, blanka mörker

Fyra trappor ned i vattnet
kullerstenarna hjälper mig
att gå som en sådan jag ser mig som
en droppe på vänstra ögonbrynet
minsta skrammel vänds i händerna
röda och gula täckjackor
kulörta stoppningar i detta gråa dis
gud plockade allt och byggde allt
min hyllning är sådan
ett torn tyst som rockens plastknapp
följer staden
hand i hand ned i sig själv

En nödvändig frossa och
långsamt som en vältande pyramid
strövar en hund mot stranden
slickar droppformarna av regnet
där mot ytan
en turistbuss så vällastad
med snabbfyllning ökar sina leenden
bron är välvd
denna passgång och utdragna förbindelse
som av lera byggd
det ligger ingen park i den gamla
kvinnans vitöga
så hon spejar mot måsen som tycks vara
fäst med nål på kartan
i handen är kartan så
där hon är med kjol och allt
ser hon sig
sitta i en tunnel gäst där
svindlande in i fotoalbum

Jag hörde någon säga något av vänlighet
till någon annan det fanns en tredje där
som byggde allt så hyllningen magarna var
fyllda av pizza kaffe speglande bussfönster
stor som en njursten är vår förväntan

Jag avskyr de vissna löven
klassisk vers
detta är en lek
jag ser ett hus brinna och ett
barn river pyjamasen i strimlor
hans mor våldtas nu av soldater
på knä   de säger bä   som lek
en lekplats att tumla
som den glansiga tumlaren
mot havets botten
som ett rymdskepp
på någon av saturnus ringar
en gloria runt skrovet   runt de
dödas svävande och lekande pannor
hur jag avskyr de vissna löven
virvlande fåglar
era vingar
tecknade i barnblock
av eld

tre bombplan som breda örnar
en hökunge
fem människor döda i husras
mitt lilla legoland

bak disken med skivande maskiner
ett konsum, en kvinna lätt

att sätta barn till världen

(Moskva)

så trasig med rör och luckor mot
nattluften   du stod upp
bland snår och betongen var fallen där

lyktan på din borg var som en
stjärna   jag andades då jag andades
moln som flöt ur dig

det fanns inget eko mellan oss   det
täta som blev kvar då vi fortsatte
står stelt och siktar i sitt djup

(Dublin)

Lukten av piss
en torterad kropp
en sviktande trampolin
bara bilder